ENTRE EL DÓNDE
Y EL CUÁNDO

ENTRE EL DÓNDE Y EL CUÁNDO

PASADO Y PRESENTE DE LA CIUDAD DE MÉXICO

JUAN CARLOS ANCONA

Valparaíso
EDICIONES

Número 510 de la Colección VALPARAÍSO DE POESÍA
dirigida por FEDERICO DÍAZ-GRANADOS

Diseño de la colección: Chari Nogales

Maquetación: Ciclo Creativo

Primera edición: julio de 2025

© De los poemas: Juan Carlos Ancona

© Valparaíso Ediciones
   C/ Fray Leopoldo, 7 bajo, 18014 Granada
   www.valparaisoediciones.es

   ISBN: 979-13-87538-74-3
   Depósito Legal: GR 987-2025

   Impreso en España - *Printed in Spain*
   Gráficas Gami

ENTRE EL DÓNDE
Y EL CUÁNDO

PASADO Y PRESENTE
DE LA CIUDAD DE MÉXICO

Para Tita; y para Eti, in memoriam

"entre mi dónde y mi cuándo,
esta mayoría inválida de hombre."

César Vallejo

DESDE ENTONCES

*"An nochipa tlalticpac,
zan achica ye nican."*
Nezahualcóyotl

LA HOGUERA DEL ORIGEN

I.- Cónclave

Al quinto día
se reunieron los dioses
tras la catástrofe.

II.- El sol

Ardió la hoguera
en Teotihuacán.
Se creó el sol.

III.- El jaguar

El tigre entró
en las llamas ardientes:
salió manchado.

IV.- El águila

Después fue el pájaro,
y salió con las alas
ennegrecidas.

XITLE

Mogote de la germinación,
génesis de las piedras porosas,
¡corazón de tezontle,
           flor lávica!

Desde su centro brotó el ombligo
del Ajusco, teñido de sangre
como un río rojo
          en el Anáhuac.

TOCHTLI

¿Existe algo más allá de la noche?
¿Acaso hay algo más sobre la tierra?

Su inmensidad ilumina los cielos:
descansa eternamente el gran conejo
en el ombligo blanco de la luna.

MONTE TLALOC

Para Ana Victoria Guevara y Eduardo Estrada

I

Voltea hacia arriba por un segundo.
¿Cuántas cosas viven por fuera tuyo?
¿Cuánta vida la construyes por dentro?
¿En dónde quedas tú
         tras el cielo profundo
                  dentro del firmamento?

II

Mirar el cielo absorto.
Subir a la pirámide.
Y volver siempre al sesgo
de la tarde relente
que se hincha y muerde y mira
como grieta en el aire
en sí misma infinita.

TOZOZTONTLI,
SACRIFICIO PARA TLALOC

En la punta del monte se escucha un grito:
    están a punto
        de sacarle

el corazón.

Sopla entonces un viento de lágrima de niño
    color de jade
        como una flor.

QUETZALES

I

Arrancar flores
y dejarlas que floten
hasta las nubes.

II

Las nubes van,
las nubes vienen, líquidos
pájaros vuelan...

CE PAPALOTL

La mariposa de los cuarto espejos
gira muy *frágilmente*. Va alejándose
y aletea con pausada cautela
en la quietud profunda de la tarde.

TONALPOHUALLI

El calendario es otra forma de crueldad.

En él todos los tiempos resultan ser
al final de todo, el mismo tiempo.

Y despiadadamente, desmesuradamente,
el infinito llena los días
y los convierte en polvo
desde el lagarto hasta la flor.

Hay más crueldad aún en su silencio blanco:
desprendido del espiral hambriento
(de trece en trece, de veinte en veinte)
todo se difumina y desvanece.

SACERDOTE CONTEMPLANDO LAS ESTRELLAS
(Códice Mendocino 63)

Pasan las horas negras.
Suenan los caracoles.

Brillan a la distancia
los ojos de la noche.

XOCHIMAPICTLI

Estás en el secreto de las flores.
Y como las flores, te marchitarás.

Estás en el secreto de la lluvia.
Y como la lluvia, te evaporarás.

Estás en el secreto de la tierra.
Y como la tierra, te erosionarás.

Estás en el secreto de los hombres.
Y como los hombres, morirás.

LOS PRESAGIOS FUNESTOS

"y Montezuma, gran cacique de México,
mandó llamar a sus papas y adivinos"
BERNAL DÍAZ DEL CASTILLO

1

Desde el oriente
una espiga de fuego
recorrió el cielo.

2

Se incendió el templo
sin causa alguna, bajo
lenguas de fuego.

3

Templo de paja
destruido por el rayo:
no se oyó el trueno.

4

Llovieron fuegos
en plena luz del día.
Tormenta ardiente.

5

Se rompió el agua
al hervir la laguna.
Lo inundó todo.

6

Entre sollozos
preguntó por sus hijos
la mujer triste.

7

Motecuhzoma
vio en los ojos del pájaro
el porvenir.

8

Hombres deformes
se aparecieron frente
al tlatoani.

MARINA

Tu mirada sin colores me entristece
y se repite en múltiples ojos.

No me veas, que me pones transparente,
como el centro del corazón de un pájaro.

Pero tus lágrimas.

En el gran vacío se están ahogando las águilas.
Las formas ya no son de agua.

Yo te beso con la falsedad de mis labios.
Tal vez el corazón hundido salga gritando de mi boca.

No llores, no llores más...

Tan solo soy un párpado, no soy una sonrisa.

Siento toda la luz del sol ardiente que se apaga
en tus pestañas heridas. Yo no soy de sombra.

Y así, temblorosa, entristecida,
abres los ojos al cielo mojado.

Mírame. Última lágrima.
Te amo, te amo, te amo.

LA PREMONICIÓN DE BLAS BOTELLO

No veo más que cielos muertos detrás de tus ojos.
No veo más que cielos muertos detrás.
No veo más que cielos muertos.
No veo más que cielos.
No veo más.
No veo.
¡No!

EL APEDREO DEL TLATOANI

Uno siempre termina muriendo
a manos de quienes ama.

Y hoy su ausencia crece.
Y la noche crece.
Como algo que se ha ido
                    para siempre.

TAMOANCHAN

Del árbol chueco
roto y resquebrajado
brotan las flores

que tapizan el suelo
del lugar prometido.

LA NOCHE TRISTE

Se hace de noche y te lluevo.
No te pierdas / Estoy cerca de ti.
Bajo el árbol / La tristeza se escurre.
Mi cuerpo llora / Como nube / Como lluvia.
La ciudad / Las gotas / El relámpago.

Mi corazón es un diluvio.

Se hace de noche y te lluevo / Y te lloro.
Casi todos han muerto / Bajo el árbol.
Sucede que la noche es de agua.
Como nube / Como lluvia.
Y yo más cerca de ti.

Yo te lloro / Y te lluevo.
Y la muerte se nos escurre.
Y sigue lloviendo.

CONVERGENCIA

"Together we read (fourmis perdues) the scraps
and stones of the city to discover there"
Fragmento de *"Renga"*, un poema colectivo de Octavio Paz,
Charles Tomlinson, Jacques Roubaud y Edoardo Sanguinetti.

CENTRO DE LA PIEDRA DEL SOL

Museo Nacional de Antropología e Historia

El primer sol
fue de agua, y como el agua
todo lo hundió.

En el segundo
salieron los jaguares;
se oprimió el cielo.

El tercer sol
fue un sol de lluvia y fuego;
e hirvió el tezontle.

Después fue el cuarto,
y todo lo arrastraron
los fuertes vientos.

Hoy brilla el quinto:
el sol del movimiento.
Y habrá hambre; y muerte.

MONOLITO DE COATLICUE
Museo Nacional de Antropología e Historia

La que tiene la falda de serpientes:
yo sé que tu corazón es de piedra.

Collar de corazones y de manos;
el dije, un colgante de calavera.

En tu vientre ocurrió la gestación
del sol, de la luna y de las estrellas.

Madre devoradora de los hombres:
yo sé que tu corazón es de piedra.

TLALOC DE LA COCONETLA AL AMANECER

1.
Hay algo de azul
en las primeras luces.
También en las últimas.

2.
Se forma el agua en el seno de niebla:
cántaros de vaho y aliento.

3.
Paisaje retocado de nubes
casi grises, casi oscuras
ofuscando la hora diáfana.

4.
Sus ojos de piedra
evocan en la cima
todo el azul del mundo.

5.
Por la noche la lluvia
disipará sus lágrimas.

OBSIDIANA

Crepúsculo verde, desvencijado,
ajeno del octavo círculo del cielo

en donde nube tras nube
trueno tras trueno
todo se clava
        en el ocaso.

Relampaguea la lluvia de olvido
en el valle del silencio:

verdece cada vez menos la noche
        en las lunas de México.

AHUEHUETES

Tanto tiempo inmóvil
nubes cíclicas, indefinidas
el lento balanceo del árbol
la luz dispersa entre el follaje
el día detenido apenas
en esta tarde suspendida
en esta hora blanco y negro
en estos viejos ahuehuetes.

CACOMIXTLE

Ronda la noche
      bajo la luna
entre los árboles
      como las sombras
y come fruta
      calladamente
hurañamente
      furtivamente
en el jardín.
      Al terminar
sin dejar rastro
      desaparece
entre la noche
      con sus anillos
negros
      y blancos
blancos
      y negros
negros
      y blancos…

XOCHIMILCO

Verde, amarillo...
Ondulaciones, sombras...
Árboles, ramas...

Lí   das   res   tan
  qui   flo   flo
  so   los   me   les.
     bre   hu   da

TEPOZTLÁN

I

Sobre la maleza vuelan
las luciérnagas nocturnas
imitando a las estrellas
de la noche tepozteca.

II

Un perro azul
ladrándole a la luna
de la pirámide

bajo la luz intensa
que ilumina los cerros.

ENTRE EL DÓNDE Y EL CUÁNDO
Esquina de Pino Suárez y República de El Salvador

En la ciudad
bajo una esquina
está enterrada
su memoria.

La serpiente de piedra
sigue viva

entre el dónde y el cuándo

entre el cuándo y el dónde
    sigue viva
    la serpiente de piedra.

    Su memoria
    está enterrada
    bajo una esquina
    en la ciudad.

SERPIENTE DEL TEMPLO MAYOR

Desde sus ojos de furia
de pronto el cielo enardece
en su cuerpo desgastado.

En el templo incorruptible
de la lluvia y de la guerra
su piel de piedra emplumada
se arrastra en la sombra frágil
del antiguo teocalli.

QUETZALCÓATL

Ha bajado del cielo
      la serpiente emplumada.

Va deslizándose
           y serpentea
      sobre los edificios que sepultan
    lo que un día fue Tenochtitlán.

Por la noche su plumaje se ilumina
con las luces de neón:
      recobra su antigua gloria.

      Pero pasará el tiempo
         e inevitablemente
    la serpiente volverá al olvido
    bajo los escombros
       del Templo Mayor.

- 13 de agosto de 2021. Zócalo.
A 500 años de la toma de Tenochtitlán

LA TUMBA DE HERNÁN CORTÉS

I

A un costado del altar
permanece firme el tiempo
(gastado y frágil
    de desmemoria):

Ya lo pasado no vale de nada.
Historia eres y en olvido te convertirás.

II

Todo está aquí:
el recuerdo de lo que fue
y de lo que ya no será,
como el olvido injusto
encerrado en una cripta
con un nombre
   bañado en oro.

PASO DE CORTÉS

Paisaje inmenso, árboles y montañas,
imágenes dentro de las que existo
y contemplo con los ojos abiertos.
Acaso el corazón es la montaña,

acaso la montaña lleva al cielo,
acaso el cielo es un inmenso mundo:
vislumbrado el horizonte de curvas
(pulsación del aire, polvo latiente),

lentitud diáfana con dos volcanes
detenidos en una inmensa pausa.
Pero entonces llegan las nubes grises,
y poco a poco se adueñan del cielo.

Devoran el brillo incesantemente
y se fragmenta en los ojos la imagen...
Ya sin colores, las pupilas rompen
en pedazos y finalmente callan.

NAHUI OLLIN

                    Dentro
de la formación de nubes
el cuarto movimiento gira
incólume, cíclico,
como una lluvia
de ojos verdes
que cae

en ningún momento
hacia ninguna parte.

VENDEDORA DE TORTILLAS

Está sentada en una esquina
deshojando el día
desgranando la hora
enraizada en su banco
viendo llover
amasando en silencio
viendo llover
en la calle vacía
viendo llover
y llover y llover...

ALTAR DE MUERTOS

"La abuela lo miró con aquellos ojos medio grises, medio amarillos, que ella tenía y que parecían adivinar lo que hay dentro de uno."

JUAN RULFO

El tiempo es cruel: nos separó.

Y el *cuándo* nos tomó desprevenidos,
y el *dónde* nos privó de consolarte,
y el *cómo* nos hizo pedazos...

      Pero la muerte es así.

Y ahora el *cuándo* se refleja en tu fotografía,
y ahora el *dónde* se traduce en cempasúchil,
y ahora el *cómo* es una ofrenda en tu memoria
iluminada entre las velas y el incienso.

AQUÍ Y AHORA

*"The eyes are not here
There are no eyes here
In this valley of dying stars"*
T. S. ELIOT

NOCTURNO DESDE UN BALCÓN
DE LA CIUDAD DE MÉXICO

En la resplandeciente infinitud
la noche asoma sus ojos de perla
tintineantes, llenos de fracturas
en el centro claroscuro del cosmos.

Debajo, la silueta del volcán
decrece en la transparencia distante:
imágenes de la inmovilidad
deshaciéndose en líneas lejanas.

Como un turbado reflejo incesante
el cielo es un espejo de obsidiana
cuando anochece en la Ciudad de México.

EL VOLCÁN EN LA NOCHE ESTRELLADA; DR. ATL

Museo Nacional de Arte

Pupila abierta
en la noche estrellada:
bajo el azul

se enciende el ojo negro
del volcán humeante.

TRES POEMAS DE CHAPULTEPEC

I.- Jardín Escultórico

Tal vez es el momento
de detener el tiempo
mientras vas alejándote
en el jardín de sombras.

II.- Jardín Botánico

Me veo en ti
con delicadas raíces:
crecen las flores
en tus ojos de tierra
frente al Castillo
de Chapultepec.

III.- Zoológico

Me pregunto si el jaguar
también sentirá tristeza
por verme tan solitario
del otro lado del cristal.

AVIARIO DE POLANCO

Detrás del aviario, además, los árboles.
Detrás de los árboles, además, los niños.
Detrás de los niños, además, las nubes.
Detrás de las nubes, además, el cielo.
Detrás del cielo, además, el mundo.
Detrás del mundo, además, el tiempo.

Y en el centro del tiempo, además,
el mundo, el cielo, las nubes,
los niños, los árboles, el aviario
y yo mismo...

JACARANDAS

Dedicado a Mariah Bernal

En primavera
purpurean las calles
de la ciudad.

Llueven pétalos como
gotas de agua morada.

CENTRO DEL ESPACIO
ESCULTÓRICO DE LA UNAM

Dentro del círculo
inacabable
el viento sopla
como un rumor
de cascabel.

Estoy siguiendo
mis propios pasos:
una serpiente
que va tragando
su propia cola.

AJUSCO

I

Desde la cima
el riachuelo invernal
baja en silencio.

Al fondo del sendero,
las nubes venideras.

II

El viento arrastra
el murmullo del bosque
entre coníferas.

Sopla un rumor de invierno:
se balancea el árbol.

CARDÓN, ESTADO DE OAXACA; JOSÉ MARÍA VELASCO

Museo Nacional de Arte

De nuevo se acerca
el final de abril
y bajo la sombra
del cardón reseco
el hombre contempla
el paisaje cálido
de la Sierra Madre.

DOS RELOJES

I.- Reloj floral del Parque Hundido

Está escurriéndose
(mientras la lluvia cae)
todo el pasado.

Cambia el reloj:
siento que ya ha escurrido
por todos lados.

II.- Reloj Chino de Bucareli

Es verde la hora
            y regresa
es rojo el minuto
            y se abre
es azul el segundo
            y gira
el espiral
            interminable.

CINE ÓPERA

Dentro del ventanal
del antiguo recinto
yace el candil de bronce
de *art déco* deteriorado.

Los recuerdos de ayer
                no volverán
a este cine de época, perdido
entre las calles maquinales
de cláxones furiosos
y autobuses repletos
                porque sucede
que la gloria nunca vuelve
a las ruinas del pasado.

ORFEO CHILANGO

"Time is, time was, but time shall be no more!"
JAMES JOYCE

Vemos el tiempo pasar
      tan ajeno
y tan lejano
         de nosotros
que al tornar la mirada
         para volver atrás
todo se esfuma y desvanece
para quedar tan solo
         en la memoria.

DOS MURALES DE LA ROMA

Ixión

Los brazos rotos
por abrazar las nubes
incontenibles.

Ícaro

Se derritió
la cera de sus alas
cerca del sol.

POEMA ESTRIDENTISTA
DEL PALACIO DE BELLAS ARTES

"El silencio amarillo suena sobre mis ojos."
MANUEL MAPLES ARCE

Por la calle encharcada todo es un recuerdo
que se deshoja en silencio.

Yo soy la amarillez de Bellas Artes
que flota sobre el charco
de edificios luminosos

cuando más allá del día a día
entre el ruido mecánico
enredado en cables y semáforos

el frío se derrama
sobre pétalos de lluvia
que tiritan de invierno.

POSTALES DEL CENTRO HISTÓRICO

Para Mariano Mantecón

Unos protestantes acampan fuera
de la Suprema Corte de Justicia.

La anciana indígena pide limosna
bajo el aparador de Christian Dior.

Unos extranjeros compran postales
de lugares que jamás visitaron.

El ciego pide ayuda en el semáforo
y cruza en el ombligo de la furia.

MEMORIAL DE SAN ILDEFONSO

En la memoria hace frío.
El patio se ha puesto blanco.

En el minuto vacío
ha caído la nieve
sobre la tumba de Octavio.

En la memoria hace frío.
El patio se ha puesto blanco.

Al pie del mural
David Huerta me dijo:
"Estamos jodidos, mano."

DONCELES

Poco queda ya de Donceles.

A lo largo de los años la han invadido
las sombras, la suciedad y el olvido.

Pero aún queda algo bello:
alguna que otra librería de viejo,
el olor intenso a orín de gato
y unas cuantas prostitutas
que no leen ni maúllan.

LIMOSNERO

Todo aquello sucede
aunque no debiera suceder
pero sucede
sin ir más lejos
ni más allá
de la complicidad muda
y del permanente sosiego
de la inmundicia
y la miseria.

AULLIDO

La poesía ya no existe en la Condesa,
ni en la Roma, ni en Polanco.

La poesía ya no existe en Coyoacán,
ni en Mixcoac, ni en San Ángel.

La poesía ya no existe en la Del Valle,
ni en la Juárez, ni en la Zona Rosa.

No. La poesía ya no existe en ningún lado.

Ciudad idólatra del ruido:
Aquí la gente ladra y ensordece...

ÍNDICE